... venite piravit et statuit.

PAR THOMAS **NEOMORUS**

A PARIS,

...teur, Imprimeur-Libraire, rue
... N.° 71

... Marchands de Nouveautés.

NOVEMBRE 1819

priété, ni en usufruit, ni en administration. Ni le Roi, ni les particuliers ne peuvent exercer aucun droit de nomination ou d'exclusion sur les dignités spirituelles, y compris celle des chanoines des cathédrales, même avec le consentement du St.-Siége. Les particuliers doivent cependant être indemnisés de la perte de leurs patronages sur les fonds des bénéfices respectifs.

4. L'on tâchera d'obtenir du St.-Siége la suppression perpétuelle des abbayes-commandataires, avec assignation de certains biens pour l'entretien de la nonciature du royaume et d'un certain nombre d'églises cardinales à Rome, sans que l'état puisse s'ingérer dans la nomination du nonce et des cardinaux qui en jouiront.

5. Tout ce qui regarde le matériel des bénéfices et les droits temporels judiciaires des officialités diocésaines, sera réglé par un concordat avec le St.-Siége, qui sera loi de l'état, sans que ledit acte puisse rien stipuler sur la discipline spirituelle. On devra tâcher que le Pape rétablisse et conserve les élections canoniques pour les évêchés, avec adjonction des évêques comprovinciaux, et des curés diocésains aux chapitres, sous la confirmation du St.-Siége. L'on tâchera que les dispositions du concordat soient réglées sur le droit commun de l'église, et que le Pape s'y dépouille du droit de disposer autrement des biens ecclésiastiques. Mais on ne pourra jamais l'empêcher de disposer librement des juridictions spirituelles, qui ne pourront

pas être considérées comme inséparables des bénéfices correspondans : sont comprises les églises maté-
rielles parmi les bénéfices. L'on tâchera encore de
faire insérer dans le concordat que les officiaux des
diocèses ne puissent juger sans être assistés de six
chanoines. Les causes matrimoniales leur appartiendront.

6. Les bulles dogmatiques ou disciplinaires ne
doivent être soumises à l'*exequatur* du corps-lé-
gislatif que lorsque le clergé veut les faire jouir
des dispositions de l'art. 1er., sur les dogmes et rites
de l'église. Les autres bulles ne doivent être soumises à l'*exequatur* des tribunaux qu'en ce qui
regarde le matériel des bénéfices et la juridiction
temporelle des officialités, afin de les rendre coac-
tivement exécutoires, si elles sont conformes au
concordat.

7. L'état considère les réguliers des deux sexes,
dans l'ordre temporel, comme les chanoines et
chanoinesses des collégiales ; en conséquence, il
leur laisse tous leurs droits dans les successions,
et abandonne à leur conscience le soin d'en disposer
autant que la loi le permet. L'état abandonne également à la puissance spirituelle le soin de veiller
à l'observance des vœux religieux.

8. Les évêques accordent exclusivement les titres
de docteur, licencié et bachelier, soit en théologie,
soit en droit canon. Ces deux sciences ne peuvent
être enseignées ni dans les universités, ni dans les
autres écoles publiques laïcales.

TITRE II. DU POUVOIR LÉGISLATIF. — 1. La souveraineté du royaume appartient à Dieu : la loi divine est la loi suprême de l'état. Le pouvoir législatif l'applique déclarativement aux circonstances génériques, et le pouvoir judiciaire transporte littéralement cette application aux circonstances individuelles.

2. Le pouvoir législatif appartient collectivement au Roi, au sénat et à la diète générale du royaume.

3. Il y a des diètes générales, ordinaires et extraordinaires : celles-ci sont législatives ou constitutives.

4. Les lois sont des constitutions royales, relatant, confirmant et promulguant des résolutions du sénat et de la diète générale, rendues conformément sur une matière identique.

5. Les édits royaux ont lieu, quand la loi délègue au pouvoir royal seul certaines attributions législatives. Ils doivent être vérifiés et enregistrés par le sénat, pour être exécutoires. Mais, sans cette formalité, le Roi peut faire des manifestes pour exciter au bon ordre.

6. Tout ce qui assigne des droits ou des devoirs à un citoyen privé, ou à un magistrat indépendant du pouvoir arbitraire du Prince, est l'objet d'une loi.

TITRE III. DE LA ROYAUTÉ. — 1. La couronne est héréditaire, masculine et primogéniale. Tels et tels princes peuvent succéder. La régence appartient à la Reine, ou, à son défaut, au premier prince du sang. Le régent exerce la plénitude de l'autorité royale, excepté qu'il ne peut assembler aucune diète générale constitutive. Un prince du sang qui se marie sans l'agrément du Roi, peut être privé de ses droits par une loi.

2. Le domaine royal est inaliénable : s'il ne suffit pas à l'entretien de la famille royale, l'état accorde des capitaux, afin que sa valeur soit augmentée.

3. La personne du Roi est inviolable : les lois de l'état n'ont pour lui qu'une force directive ; mais, nul ne peut obéir à ses ordres contraires aux lois, sans se rendre punissable. Au Roi seul appartient la juridiction criminelle sur les membres de sa famille, à moins que ceux-ci n'aiment mieux se faire justiciables du sénat, sous la confirmation du Roi.

4. A son avènement, le Roi adresse, dans les vingt-quatre heures, 1°. sa profession de foi catholique au Pape et aux évêques du royaume ; 2°. des lettres-patentes au sénat, pour déclarer son adhésion au présent statut, et pour convoquer une diète extraordinaire, si une ordinaire n'est pas assemblée, afin d'y recevoir l'hommage de fidélité des fonctionnaires laïques du royaume et des décurions provinciaux. Le clergé ne prête hommage en aucun cas.

5. Le Roi peut toujours refuser de confirmer les sénatus-consultes et les plébiscites ; il exprime son refus par le silence : il a un temps illimité pour confirmer ; mais en attendant, le sénat et la diète

(si elle est assemblée) peuvent révoquer leurs délibérations.

6. Le Roi n'exerce point l'initiative des lois; mais il permet, quand il veut, à ses ministres de faire, en leur propre nom, des propositions au sénat et à la diète, qui doivent être discutées dans la huitaine. Si elles sont adoptées, elles deviennent des sénatus-consultes ou des plébiscites, noms propres à toutes les délibérations politiques du sénat ou de la diète.

7. Le Roi préside le sénat et la diète quand il veut, ou bien les fait présider, à son choix, par un de leurs membres. Il envoie ses ministres dans leur sein quand il veut, et ils y ont voix consultative.

8. Le Roi nomme et destitue quand il veut, les ministres et les conseillers d'état, les gouverneurs et les intendans des provinces; mais leurs provisions doivent être enregistrées par le sénat. Le Roi choisit les présidens et procureurs fiscaux des audiences royales parmi leurs membres. Il accorde des lettres-patentes déclaratives de leur élection aux sénateurs, aux membres de la diète générale, aux procurateurs des provinces, et aux podestats des communes.

9. Le Roi ne peut anoblir personne; mais il est chef et grand-maître des ordres de chevalerie dont les statuts sont lois de l'état.

10. Le Roi reçoit et envoie les agens diplomatiques, dont le choix lui appartient. Le Roi con-

clut les traités avec les puissances étrangères ; mais ils ne peuvent contenir des devoirs onéreux, exécutoires pour les sujets du royaume ; sans la ratification du pouvoir législatif, et ils ne peuvent contenir la cession exécutoire d'une partie du territoire, sans le concours d'une diète générale constitutive.

11. Le grand-maître de la maison du Roi, son grand-chambellan, son grand-écuyer, son grand-maître des cérémonies, ses quatre capitaines aux gardes et ses quatre premiers gentilshommes de la chambre sont dignitaires de l'état. Leurs fonctions sont gratuites. Le Roi les destitue ou les choisit à son gré parmi les sénateurs émérites. Ils ont voix délibérative au sénat, quand les trois chambres sont réunies.

12. Le Roi fait battre les monnaies, et avec son effigie ; mais la loi en fixe la valeur, qui ne peut jamais être immédiatement altérée, ni manquer de prix intrinsèque.

13. Les ordres du Roi, qui sont du ressort de sa prérogative, n'ont pas besoin de la signature d'un ministre pour être exécutoires.

14. Le Roi a l'administration du domaine royal et des fonds que l'état fournit pour l'armée de ligne, et pour les agens diplomatiques et ministériels.

15. Le Roi est chef légal des troupes provinciales, et chef arbitraire des troupes de ligne ; il les dirige et les organise à son arbitre ; il fixe seul

la jurisprudence des conseils de guerre. Mais, par compensation, on ne peut faire des enrôlemens à terme nécessaire, et l'on ne peut refuser son congé à tout soldat de ligne qui le réclame.

16. Les communes sont obligées d'entretenir les hommes du pays qui ont servi vingt ans dans l'armée de ligne, ou qui ont été obligés de quitter antérieurement le service pour blessure.

17. Le Roi peut remettre les peines judiciaires en tout ou en partie, quand le sénat lui en adresse la prière.

18. Le Roi peut destituer, selon sa conscience, les membres du sénat, de la diète générale, des tribunaux et des corps municipaux, ainsi que les procurateurs ; ceux qui sont destitués ne sont plus éligibles aux mêmes places dans la même année, et ils sont remplacés immédiatement par ceux à qui appartient l'élection. Le Roi ne peut exercer les susdits droits de destitution avant l'âge de vingt-cinq ans révolus, quoique pour toute autre chose il soit majeur à quatorze ans révolus.

TITRE IV. DU CONSEIL D'ÉTAT. — 1. Le Roi tient auprès de sa personne un chancelier pour expédier ses actes, et pour présider son conseil d'état en son absence.

2. Il a un ministre des affaires étrangères, un ministre de justice et de grâce, un ministre de l'intérieur, un ministre des finances, un ministre du trésor royal, et un ministre de la guerre et de la

marine. Chacun d'eux a sous ses ordres un secré-
taire-général, douze référendaires et six conseillers d'état, dont la réunion forme le conseil aulique de chaque dicastère. La réunion des six conseils auliques forme le conseil d'état.

3. Le ministre de justice et de grâce donne les
permissions ou dispenses que la loi prescrit de de-
mander à l'autorité royale. Le ministre de l'intérieur est chargé de prendre des renseignemens sur
tout ce qui se passe dans l'état, et d'adresser des
conseils et des avis à tous les fonctionnaires publics.

4. Les secrétaires des légations sont choisis parmi
les référendaires, et les ministres plénipotentiaires
parmi les conseillers du conseil aulique des affaires étrangères, sans que de référendaire on
puisse immédiatement devenir conseiller d'état; ni
de secrétaire de légation ou de chargé d'affaires,
devenir immédiatement ministre plénipotentiaire.

5. Le présent titre n'a qu'une autorité consultative, au Roi seul appartenant l'organisation de
son ministère.

TITRE V. DU SÉNAT. — 1. Les sénateurs sont di-
visés en trois chambres : la première, judiciaire,
a cent vingt membres ; la seconde, économi-
que, en a soixante ; la troisième, militaire, en a
soixante. Les trois chambres se réunissent sur la
demande d'une seule ; elles votent séparément en
matière civile ; ensemble en matière politique.

Dans ce dernier cas, tous les évêques du royaume et tous les princes du sang doivent être invités, et peuvent siéger avec voix délibérative.

2. Les sénateurs sont nommés par la diète générale, qui choisit les membres de la chambre judiciaire parmi les juges présens ou passés des audiences royales du royaume, et les membres des deux autres chambres parmi les députés sortans de la diète générale. Les sénateurs ne restent que trois ans en charge, et sont renouvelés par tiers; mais ils conservent toute leur vie le titre et le rang de leur dignité.

3. Les sénateurs ont des auditeurs pour préparer les affaires sénatoriales, et pour recevoir les requêtes et doléances des citoyens sur tout objet du gouvernement : ils en font un rapport au sénat.

4. Nul corps de l'état ne peut régler le mode de ses délibérations, cet objet étant législatif. Tout sénateur peut faire une proposition législative, et sa compagnie doit décider dans trois jours si elle mérite d'être discutée. Les délibérations du sénat sont secrètes; mais les procès-verbaux de ses séances doivent être imprimés et affichés dans toutes les communes. Ces dispositions sont communes à la diète générale.

5. Trois jours doivent s'écouler pour qu'une résolution du sénat puisse être discutée à la diète générale, et *vice versâ*. Ces deux assemblées ne peuvent rien décider en matière politique, sans trois discussions faites à trois jours d'intervalle par la

majorité absolue des membres. Toutes les fois, chacun d'eux y donne par écrit son avis motivé d'après un formulaire fixe, ou bien signe celui de l'un de ses collègues. Tous les membres signent ensuite la décision, ou comme approbateurs, ou comme témoins.

6. Il est de principe, pour toutes les fonctions électives de l'état, que les pourvus restent en charge, lorsqu'un obstacle empêche les nouvelles élections. Le sénat s'assemble toute l'année dans la capitale; mais, en cas d'obstacle, il s'assemble partout où la majorité des membres peut se réunir: cette disposition est commune à la diète générale.

7. Le sénat juge ses membres en matière criminelle, et même ceux de la diète générale, dont le consentement est nécessaire, lorsqu'elle est assemblée, ou pour les faits qui ont eu lieu dans ses séances. Quant aux paroles et aux écrits, nul membre du sénat ni de la diète ne peut être poursuivi pour ce qu'il a dit ou écrit dans les séances de ces assemblées.

8. La chambre judiciaire du sénat prononce en dernier ressort sur toutes les questions judiciaires du royaume, sans pouvoir cependant revenir sur les points de fait. Les deux autres chambres statuent en dernier ressort sur tout ce qui est dans les attributions des procurateurs économiques et militaires.

TITRE IV. DE LA DIÈTE GÉNÉRALE. — 1. La loi détermine le nombre des députés que chaque province doit envoyer à la diète générale. Ils sont choisis par les diètes provinciales, qui en prennent un quart parmi les décurions municipaux, et trois-quarts parmi les décurions provinciaux. Ces députés sont au nombre de trois cents. Il suffit qu'ils aient vingt-cinq ans; ils sont changés annuellement.

2. La diète générale ordinaire s'assemble de plein droit au 1er. janvier, jusqu'au 1er. mars. Dans l'intervalle des sessions, le Roi peut convoquer ou dissoudre des diètes générales extraordinaires, qui ont le même pouvoir que les ordinaires. Quand les unes ou les autres votent des impôts, elles en font la répartition entre les différentes provinces.

3. La formule des sénatus-consultes et des plébiscites est celle-ci : *Déclare que la justice et la prudence exigent telle chose.*

TITRE VII. DES DIÈTES PROVINCIALES. — 1. Les diètes provinciales ordinaires s'assemblent de plein droit au 1er janvier, jusqu'au 31 décembre ; les extraordinaires quand le Roi les convoque. Elles sont présidées par le gouverneur de la province, et formées par les décurions provinciaux, et par les décurions municipaux des villes royales.

2. Tous les nobles qui sont majeurs et propriétaires, ou fils de propriétaires, sont décurions provinciaux, et il n'y en a point d'autres.

3. Les diètes provinciales sont chargées de toutes les affaires administratives ou pécuniaires de la pro-

vince. Pour les gérer, quand elles ne sont pas assemblées, elles choisissent annuellement dans leur sein douze procurateurs économiques, dont un quart parmi les décurions municipaux. Ils s'assemblent sous la présidence de l'intendant; ils exercent tout le contentieux de l'administration.

4. Les diètes provinciales choisissent encore annuellement douze procurateurs militaires, qui, présidés par le colonel du régiment provincial, statuent sur tout ce qui concerne le choix, service et organisation des troupes provinciales, d'après les lois.

TITRE VIII. DES COMMUNES. — 1. Chaque commune est composée de dix ou douze mille habitans : elle est composée de différens cantons, qui peuvent avoir des biens distincts et inaliénables, comme tous les biens des communes.

2. Les cent premiers propriétaires de chaque commune nomment annuellement trente conseillers municipaux, qui élisent un podestat, lequel préside le conseil municipal, exécute ses délibérations, et peut être destitué par le Roi. Les conseillers municipaux des villes royales s'appellent décurions. Il y a encore dans chaque commune un vice-podestat et des syndics pour chaque canton, sous les ordres du podestat.

3. Tout monopole d'industrie doit être racheté par le public : toute profession doit être libre. Néanmoins, il doit y avoir dans chaque ville des corps

de métiers, dont les syndics réunis ont un droit de *veto*, lors de l'élection du podestat. Les membres de ces corps portent le nom de maîtres, qui n'appartient point aux ouvriers libres, auxquels on délivre seulement une patente gratuite, qu'on ne peut refuser.

4. Tout homme qui n'a rien, et qui ne peut travailler, doit être nourri par sa commune ; mais le soin de former annuellement la matricule et le budget des pauvres appartient aux curés, qui demandent ensuite aux communes le supplément de fonds nécessaire. La loi suppose que les bénéficiers réguliers s'entendent aussi avec les curés pour contribuer selon leur état. Les biens des hôpitaux sont inaliénables et leur appartiennent individuellement.

Les corps municipaux statuent en première instance sur toutes les affaires de justice et d'administration : leurs décisions sont soumises, par appel, au conseil de justice, ou aux procurateurs économiques, ou aux procurateurs militaires, selon les matières.

6. La loi détermine la circonscription des provinces et des communes. Les podestats sont choisis parmi les décurions provinciaux. Les conseils municipaux s'assemblent tous les jours : les syndics des cantons y ont voix consultative, quand ils n'en sont pas membres, ainsi que les conseillers de l'année précédente. Dans certaines affaires déterminées par la loi, les cent premiers propriétaires ont voix délibérative au conseil municipal.

Titre IX. De l'Ordre judiciaire. — 1. Tout citoyen peut plaider pour lui-même ou pour autrui; la loi ne reconnaît ni avocats, ni procureurs; elle ne voit dans le doctorat que le caractère d'éligibilité aux judicatures. Nul ne peut être docteur avant trente ans, licencié avant vingt-cinq, bachelier avant vingt, maître-ès-arts avant dix-huit; mais pour obtenir les trois premiers grades, il suffit de passer quatre mois par an aux universités.

2. Les licenciés en droit sont tous notaires, et il ne peut y en avoir d'autres: mais ils ne peuvent exercer leurs fonctions dans les communes, sans l'agrément du corps municipal.

3. Les universités du royaume sont indépendantes entr'elles; elles sont aux frais des villes où elles se trouvent, qui perçoivent un droit sur les écoliers. Le Roi peut en destituer les professeurs et le recteur, qui sont nommés par les Facultés.

4. Chaque année, la diète provinciale choisit les quatorze membres du conseil de justice parmi les jurisconsultes, et leur donne quatorze assesseurs choisis parmi les décurions provinciaux et ceux qui ont été décurions municipaux. Les juges fixent le droit, et les assesseurs le fait, tant en matière civile qu'en matière criminelle. Un assesseur peut subroger un autre à sa place, avec l'agrément de ses collègues. Les assesseurs peuvent être destitués par le Roi.

5. La loi fixe le ressort des audiences royales, qui jugent les appels des conseils de justice, et au

moins de sept provinces. Les conseils de justice envoient annuellement deux conseillers et deux assesseurs, pour composer l'audience royale, qui siége toute l'année.

6. Les débats sont publics, à moins que le tribunal ne veuille autrement à l'unanimité. Les causes sont jugées par ancienneté de citation, à moins que le tribunal, à l'unanimité, ne prononce urgence. La loi prend tous les moyens pour que cet article ne soit pas éludé, sous prétexte des ajournemens. Rien ne peut arrêter une procédure.

TITRE X. DE LA RESPONSABILITÉ MINISTÉRIELLE. — 1. La responsabilité ministérielle n'est point hiérarchique ; elle frappe à la fois les agens ministériels de tout ordre. La loi compte pour tels ceux qui l'ont été de fait, quand même ils ne l'auraient pas été en titre. Néanmoins les simples soldats de l'armée de ligne seront excusables, en déclarant qu'ils ont agi de bonne foi.

2. Le jugement de la responsabilité ministérielle appartiendra aux mêmes tribunaux que les autres causes ; mais nul agent ministériel, conservé par le Roi dans ses fonctions, ne pourra être arrêté avant que son jugement n'ait été rendu en dernier ressort par le sénat. La responsabilité ministérielle se rapporte à toutes les violations de la loi.

3. Quand un agent ministériel aura été condamné, le Roi pourra adresser un rescrit au sé-

nat, pour le charger d'examiner si, en violant la lettre de la loi, il n'en a pas suivi l'esprit. Le sénat procédera à cet examen, et, en cas d'affirmative, rendra un acte d'absolution.

4. Nul détention arbitraire ne peut avoir lieu, nul ne pouvant être puni que judiciairement, et d'après une loi pénale antérieure. Si le ministre de l'intérieur croit cependant qu'un citoyen est suspect de lèze-majesté publique, il doit requérir le sénat d'ordonner qu'un tel soit arrêté comme suspect de lèze-majesté publique, sur l'assertion du ministre. Pour qu'une telle arrestation se prolonge, il faut que cette formalité se renouvelle tous les mois : le sénat ne pourra y procéder, sans prendre connaissance chaque fois d'une apologie signée par le prisonnier d'état, qui devra être détenu dans la capitale.

TIT. XI. DES IMPÔTS. — 1. Tous les impôts sont votés annuellement ; ils sont répartis proportionnellement sur tous les citoyens. Il ne peut y avoir d'impôt graduel, ni d'emprunt forcé graduel. Quand l'urgence exige un emprunt forcé, il tombe sur les communes, et non sur les particuliers.

2. On doit faire imprimer et afficher annuellement le budget de l'état, de chaque province et de chaque commune.

3. L'état ne peut avoir de dettes ; il ne pourra jamais en faire à l'avenir ; toutes celles qui existent seront réparties par une loi à la charge des com-

munes. Les provinces ne peuvent point également avoir des dettes.

4. Les biens des communes sont inaliénables; nulle commune ne peut faire de dettes en particulier; toutes peuvent être endettées en général par une loi qui fixe en même temps les moyens de paiement.

TIT. XII. DES TROUPES PROVINCIALES. — 1. En temps de paix, les troupes provinciales font le service des gardes urbaines ou communales, et veillent à la tranquillité intérieure de l'état. Leurs colonels, lieutenans-colonels, majors et capitaines doivent être pris parmi les décurions provinciaux. Les officiers subalternes passent dans la ligne, quand le Roi le juge à propos. Chaque commune fournit une compagnie, et chaque province un régiment.

2. Tout citoyen qui n'est pas dans les ordres sacrés, depuis 18 ans jusqu'à 50, est tenu au service des troupes provinciales; mais quiconque est libre de s'exempter en payant la taxe militaire qui est fixée par la loi sur le pied de paix et sur le pied de guerre, et dont le produit est employé pour gratifier ceux qui ne s'exemptent pas. Parmi ceux-ci, il y a un ordre légal de préférence pour le service, afin que les familles moins nombreuses soient moins grevées.

3. Nul citoyen ne peut être contraint par corps au service militaire; mais il y a action légale sur

ses meubles et sur les revenus annuels de ses immeubles pour le paiement de la taxe militaire :
par-là les pauvres sont exempts de fait, sans l'être
de droit.

Tit. XIII. Dispositions civiles fondamentales.
— 1. L'étranger jouit dans le royaume des mêmes
droits civils, et non des mêmes droits politiques que
le régnicole. Il ne peut être obligé de sortir du
territoire ; on ne peut lui en interdire l'accès ; mais
la loi le soumet, pendant la première année de
son séjour, à une certaine surveillance. Tout jugement rendu contre un étranger, par un tribunal étranger, et pour un délit commis dans l'é-
tranger, sera exécuté dans le royaume, après avoir
été examiné et confirmé par les tribunaux du pays,
qui jugeront sur le droit, sans pouvoir revenir sur
le fait.

2. Tout citoyen a le droit de sortir du royaume
et d'y rentrer, sans avoir aucun compte à rendre
de sa conduite dans l'étranger, et sans qu'on puisse,
dans son absence, lui interdire l'extradition de ses
revenus.

3. La confiscation des biens ne peut avoir lieu
en aucun cas. Les amendes judiciaires se prennent
sur les biens - meubles et sur les revenus annuels
des immeubles.

4. Tout serment est interdit ; la loi ne connaît
que des promesses et des attestations. La loi ne
connaît ni mort civile, ni peines infamantes. Une

loi pénale, pour être exécutoire, doit contenir le *maximun* et le *minimum* de la peine. La loi ne peut tolérer ni l'usure, ni le duel. Chaque citoyen doit être jugé par ses juges ordinaires. Il y a des maisons d'arrêt différentes, selon la qualité des personnes, et selon qu'elles sont accusées ou jugées.

5. Toute primogéniture est interdite à l'avenir; mais nul citoyen ayant des enfans, des frères, des sœurs ou des neveux, ne pourra ni vendre, ni hypothéquer ses biens immeubles.

6. Cinq ans après la publication du présent statut, la presse sera libre dans le royaume, sans aucune censure préalable; mais on rédigera une loi pénale, qui, en se conformant, pour les délits de lèze-majesté divine, aux dispositions de l'article 1er. du présent statut, punira, en outre, l'insulte à la famille royale, le scandale public, et la calomnie contre les ministres, les magistrats et les citoyens : sera réputée scandale public, toute expression qui peut raisonnablement faire supposer le désir d'une violation active des lois.

7. Afin que les journaux ne puissent acquérir aucune consistance et aucune influence, ils seront assimilés en tous points aux autres écrits, sauf les dispositions pénales en fait de récidive; mais chacun pourra toujours faire des journaux, et nul n'en aura le monopole, sous prétexte de cautionnement.

8. Le sénat gardera près de lui un nobiliaire con-

tenant le nom de tous les nobles du royaume, et
un livre d'ordre contenant le nom des sénateurs
émérites. Tous ceux-ci anoblissent leur postérité,
et il ne peut y avoir aucun autre anoblissement,
excepté pour une famille étrangère, et par une loi.
Les familles qui ont des titres de Marquis, Comte
ou Baron, les conservent; mais ces titres ne peuvent
plus être accordés à aucune famille à l'avenir. Tous
les nobles portent les titres de *Dom* et de *Che-*
valier.

9. L'état n'accorde aucune pension, et toutes
les fonctions publiques qui ne sont pas à la nomination arbitraire du Roi, sont gratuites : on peut
cependant les refuser.

Titre XIV. Modification du Statut politique
fondamental. — 1. Pour introduire une modification au présent statut, il faut qu'elle soit décrétée
par un sénatus-consulte, relaté dans les lettres-patentes du Roi, pour la convocation de la diète
générale constitutive. Celle-ci vote, mais ne dis-
cute pas; elle est deux fois plus nombreuse que les
autres diètes générales; ses membres peuvent recevoir des mandats impératifs de la part des diètes
provinciales.

Tit. XV. Dispositions transitoires. — 1. Le sénat fera rédiger un Code comprenant toutes les
lois existantes de toute espèce. L'on y emploiera
le texte même du droit romain dans toutes ses dispositions en vigueur. Le pouvoir législatif abrogera

ensuite toutes les lois omises dans la rédaction de
ce Code, dont on fera une nouvelle édition tous
les vingt ans.

2. A l'installation du sénat, tous ses membres
seront nommés par le Roi. Pendant trois ans, les
pouvoirs créés par le présent statut n'auront qu'une
autorité consultative en matière politique. Toutes
les lois qui seront existantes dans trois ans, et non
contraires au présent statut, continueront à jouir
d'une autorité législative provisoire.

3. Pendant les cinq ans de censure préalable, il
y aura un collége de censure nommé par le sénat,
qui ne pourra jamais refuser son approbation à
aucun écrit génériquement, mais qui pourra ouïr
l'auteur, et, d'après tels détails fixés, prescrire, à la
pluralité des voix, la suppression de tels passages,
comme condition de l'impression. Les mandemens
des évêques ne sont pas soumis à cette formalité.

4. Les fonctionnaires publics actuels qui n'auront qu'un tel patrimoine, et les pensionnaires
de l'état qui seront dans le même cas, continueront
à être payés.

De l'Imprimerie d'Ant. BAILLEUL, rue Ste.-Anne, N°. 71.

ORGANISATION

POLITIQUE

DE

L'EUROPE,

Proposée à LL. MM. les Empereurs et Rois, d'Autriche, de Russie, de France, d'Espagne, d'Angleterre, de Prusse, etc., etc.

———

Art. I. LE royaume de Gallicie et le duché de Posen appartiendront à la Russie, pour faire partie du royaume de Pologne, ainsi que la ville de Cracovie.

II. La Porte Ottomane transportera en Asie le siége de sa domination, et cédera ses états d'Europe aux princes chrétiens, ainsi qu'il suit :

III. L'empereur de Russie prendra le titre d'empereur de Russie et de Constantinople, mais il n'aura que la ville de Constantinople et l'île de Rhodes, avec la Moldavie et la Valachie, qui seront aggrégées au royaume de Pologne.

IV. La Grèce, Candie et l'Archipel appartiendront à la Maison royale de Brunsvick-Hanover, dont le chef portera le titre de roi de Grèce (1).

V. Le reste de la Turquie d'Europe appartiendra à l'empereur d'Autriche, qui prendra le titre de roi de Romanie, de Macédoine, de Bulgarie et de Servie.

VI. Le royaume Lombardo-Vénitien sera placé sous la souveraineté du roi de Sardaigne, qui prendra le titre de roi de Lombardie.

VII. Les duchés de Parme et de Modène seront réunis au royaume de Lombardie. L'Autriche indemnisera pécuniairement l'archiduchesse Marie-Louise.

VIII. L'île de Sardaigne sera cédée à l'infant duc de Parme.

IX. Le duc de Modène sera indemnisé par l'Autriche, en biens allodiaux, dans ses états. La famille Autriche-d'Est succédera au royaume de Lombardie, en cas d'extinction de de la Maison royale de Savoie et de la Maison de Savoie-Carignan.

X. Le duché de Savoie sera réuni à la France.

---

(1) Dans ce cas, le parlement d'Angleterre rendrait sans doute masculine la couronne britannique, pour y annexer les susdites possessions.

XI. Le royaume de Hanover appartiendra à la Prusse.

XII. L'empereur d'Autriche sera déclaré empereur héréditaire d'Allemagne : la dénomination d'*Empire romain* sera remplacée par celle d'*Empire germanique.*

XIII. La constitution politique de l'empire germanique sera déclarée existante, telle qu'elle était en 1792, avec les modifications suivantes :

XIV. Les titres royaux et grands-ducaux, dont jouissent actuellement quelques princes d'Allemagne, seront réputés personnels à leurs familles et purement honorifiques. Leurs états reprendront leurs anciennes qualités constitutionnelles de duchés, margraviats ou comtés.

XV. Les droits régaliens, dans chaque pays d'Allemagne, demeureront aux Souverains qui en jouissent actuellement ; la Diète déterminera en quoi ils consistent, et fixera des titres pour exprimer ces droits sur chaque état médiatisé. Néanmoins, tous les prélats, princes et comtes médiatisés, conserveront leurs anciens titres féodaux, avec le droit de suffrage à la Diète de l'Empire. Il en sera de même pour les villes impériales.

XVI. Les villes impériales, prélats, princes et comtes médiatisés, reprendront tous les droits de juridiction, à l'exception des régaliens, dont ils jouissaient en 1792, et avec l'obligation de reconnaître comme faits par eux-mêmes tous les actes d'autorité de leur compétence, opérés dans l'intervalle.

Les chartes accordées par les princes aux peuples, seront valables dans tout ce que la Diète ne jugera pas incompatible avec la constitution générale de l'Empire, et des assemblées co— législatives seront établies dans chaque état.

XVII. La circonscription des églises catholiques d'Allemagne sera rétablie comme en 1792; les biens non-vendus seront rendus au clergé; les élections canoniques seront rétablies sur le pied de l'ancien concordat germanique, et l'on combinera avec le Saint-Siège le moyen d'y faire participer les curés des diocèses.

XVIII. Il sera ouvert à Rome un congrès, où le Saint-Père, secondé par les cours d'Autriche, de Russie, de France, d'Angleterre, de Portugal et de Naples, se portera médiateur entre l'Espagne et ses colonies. Les bases de la transaction seront, d'une part, reconnaissance de la souveraineté ou de la suzeraineté (selon les lieux) de S. M. C., et de l'autre, confirmation ou concession d'une constitution politique, différente selon les antécédens et les localités, mais surtout réciproquement différente pour les villes maritimes, pour les provinces de terre ferme et pour les îles.

Paris, 4 novembre, 1819.

Imprim. d'Ant. BAILLEUL, rue Ste.-Anne, n°. 71.

www.ingramcontent.com/pod-product-compliance
Lightning Source LLC
Chambersburg PA
CBHW070745280326
41934CB00011B/2796